LE
PREMIER LIVRE
DE L'ENFANT

EN VENTE
CHEZ MM. LES INSTITUTEURS

1868

MONSIEUR L'INSTITUTEUR,

Des hommes pratiques et des cœurs généreux se sont donné pour tâche de propager l'instruction dans les classes laborieuses.

Leurs nobles efforts ont déjà obtenu d'excellents résultats; mais comme à l'ouvrier et au laboureur il faut les outils pour tailler le bois, la pierre et façonner les métaux, labourer la terre, travailler les arbres et récolter leurs fruits, à l'instruction il faut aussi l'outil.

Cet outil est le LIVRE.

Malgré les perfectionnements des procédés typographiques, et le bas prix de certaines matières premières, le Livre est encore cher.

Le père de famille regarde à deux fois avant d'acheter à ses enfants un livre qui n'a, bien souvent, que la durée d'un matin.

Renouvelée souvent, cette dépense est une charge onéreuse pour son modeste budget.

L'Instituteur déplore cet état de choses, tout en ne pouvant perlacea dir ae pi avvoa les pauvres peuts dont la jeune intelligence commence à sentir le besoin de l'instruction.

Nous venons soumettre à votre sage et paternelle appréciation le projet que nous sommes décidés à mettre à exécution sur une très-grande échelle, certain que nous sommes de rencontrer dans le Corps enseignant, aide, encouragement et approbation.

Nous fondons une série d'opuscules, livres, etc., destinés aux enfants qui fréquentent vos classes.

Nous nous adressons spécialement à vous, afin d'éviter les intermédiaires qui enlèvent une partie des bénéfices au préjudice du demandeur. — Nous espérons que vous apprécierez notre manière d'agir, et que les rapports qui existeront entre nous, vous seront agréables et rémunérateurs.

L'exemplaire que nous vous adressons vous donnera un aperçu du but que nous désirons atteindre.

Tout est relatif: le *Premier Livre de l'Enfant* sera suivi des 2e, 3e, 4e, 5e et 6e; leur prix augmentera en raison de la matière et des sujets qu'ils contiendront.

(Voir, pour la suite, la troisième page de la   verture).

LE
PREMIER LIVRE
DE L'ENFANT

EN VENTE
CHEZ MM. LES INSTITUTEURS
1868

A B C D E F

G H I J K L M

N O P Q R S

T U V W X Y Z

MAJUSCULES

A B C D E F G H I J K

L M N O P Q R S T U

V W X Y Z Æ Œ

VOYELLES

a e i o u y

CONSONNES

b c d f g h j k l m n p q r s t v x z

CHIFFRES

un	deux	trois	quatre	cinq	six	sept
1	2	3	4	5	6	7

huit	neuf	zéro
8	9	0

SYLLABES

ba	be	bé	bi	bo	bu
ca	ce	cé	ci	co	cu
da	de	dé	di	do	du
fa	fe	fé	fi	fo	fu
ga	ge	gé	gi	go	gu
ha	he	hé	hi	ho	hu
ja	je	jé	ji	jo	ju
ka	ke	ké	ki	ko	ku
la	le	lé	li	lo	lu
ma	me	mé	mi	mo	mu
na	ne	né	ni	no	nu

pa	pe	pé	pi	po	pu
ra	re	ré	ri	ro	ru
sa	se	sé	si	so	su
ta	te	té	ti	to	tu
va	ve	vé	vi	vo	vu
xa	xe	xé	xi	xo	xu
za	ze	zé	zi	zo	zu

MOTS DE DEUX ET DE TROIS SYLLABES

ba-ba	ba-ta-ve
co-co	ca-li-ce
da-te	da-tu-ra
fi-le	fa-ci-le
ga-ge	ga-le-rie

hâ-le	ha-ri-cot
ju-ge	ju-ju-be
ka-li	ka-li-fe
li-la	lu-ti-ne
mi-ne	mi-mo-sa
ni-na	na-tu-re
pi-pe	pa-pe-tier
ra-re	ru-a-de
sa-lut	sa-la-de
tas-se	ta-bli-er
va-se	vê-te-ment
zè-le	zé-la-teur

Pa-pa ai-me les en-fants sa-ges.

Ma-man se-ra con-tente de moi.

Au prin-temps les fleurs.

A l'é-té les mois-sons.

A l'au-tom-ne les fruits.

En hi-ver le re-pos des champs.

PRIÈRES

ORAISON DOMINICALE

Notre Père qui êtes aux cieux, que votre nom soit sanctifié; que votre règne arrive; que votre volonté soit faite en la terre comme au ciel; donnez-nous aujourd'hui notre pain quotidien; pardonnez-nous nos offenses comme nous les pardonnons à ceux qui nous ont offensés, et ne nous laissez pas succomber à la tentation, mais délivrez-nous du mal.

Ainsi soit-il.

SALUTATION ANGÉLIQUE

Je vous salue, Marie, pleine de grâce, le Seigneur est avec vous; vous êtes bénie entre toutes les femmes, et Jésus, le fruit de vos entrailles, est béni. Sainte Marie, mère de Dieu, priez pour nous, pauvres pécheurs, maintenant et à l'heure de notre mort.

Ainsi soit-il.

Je crois en Dieu, le Père tout-puissant, créateur du ciel et de la terre; et en Jésus-Christ, son Fils unique, notre Seigneur qui a été conçu du Saint-Esprit, est né de la Vierge Marie, a souffert sous Ponce-Pilate, a été crucifié, est mort et a été enseveli;

est descendu aux enfers, le troisième jour est ressuscité des morts, est monté aux cieux, est assis à la droite de Dieu, le Père tout-puissant, d'où il viendra juger les vivants et les morts.

Je crois au Saint-Esprit, la sainte Église catholique, la communion des Saints, la rémission des péchés, la résurrection de la chair, la vie éternelle.

Ainsi soit-il.

LE CONFESSE A DIEU

Je confesse à Dieu tout-puis-
puissant, à la bienheureuse Marie
toujours Vierge, à saint Michel
Archange, à saint Jean-Baptiste,
aux saints apôtres Pierre et
Paul, à tous les Saints (et à
vous, mon Père), que j'ai beau-

coup péché en pensées, paroles, actions et omissions : par ma faute, par ma faute, par ma très-grande faute. C'est pourquoi je prie la bienheureuse Marie, toujours Vierge, saint Michel Archange, saint Jean-Baptiste, les saints apôtres Pierre et Paul, tous les saints (et vous mon Père), de prier pour moi le Seigneur, notre Dieu.

Que le Dieu tout-puissant nous fasse miséricorde, qu'il nous pardonne nos péchés et

nous conduise à la vie éternelle.

Ainsi soit-il.

Que le Seigneur tout-puissant et miséricordieux nous
accorde l'indulgence, l'absolu-
tion et la rémission de nos
péchés.

Ainsi soit-il.

Paris.—Imp. de A.-E. ROCHETTE, boulevard Montparnasse, 72-80.

Nous établissons le prix du *Premier Livre de l'Enfant* ainsi qu'il suit, afin de vous laisser une juste rémunération :

Premier Livre de l'Enfant, la douzaine.. 0^{f}23^c } =35 cent.
Port.. 0^{f}12^c }

Prix de vente aux élèves, 0^{f}05^c l'exemp. $\times$ 12 =   0^{f}60^c
Bénéfice net................................... 0^{f}25^c

Le 100 ou 8 douzaines+4 ex.=100 ex. à... 1^{f}60^c } =2^{f}60^c
Port.. 1^{f}00^c }

Prix de vente aux élèves, 0^{f}05^c l'exemp. $\times$ 12= 5^{f}00^c
Bénéfice net................................... 2^{f}40^c

L'affranchissement de la lettre d'une commande de 100 exemplaires est remboursée par l'envoi gràtis de *six exemplaires* en **plus** du cent.

Nous vous prions, Monsieur l'Instituteur, de vouloir bien nous honorer d'une réponse, dans le cas où vous croiriez devoir vous associer à notre projet.

Nous nous estimerons heureux et honorés des renseignements et observations que vous daignerez nous faire parvenir.

Sous peu nous vous adresserons les spécimens des 2e, 3e, 4e, 5e et 6e *Livres de l'Enfant*, et nous sommes certains d'obtenir votre adhésion et vos encouragements.

N. B. — Envoyer un mandat ou des timbres-poste équivalant la commande, afin de n'éprouver aucun retard dans les expéditions.

Avoir soin d'écrire *très-lisiblement* les nom, adresse, etc., pour éviter toute erreur possible.

Nous ne nous arrêterons pas à ces modestes opuscules; nous nous promettons, grâce à d'honorables et zélés collaborateurs, de publier, toujours dans les mêmes conditions et proportions, une série d'ouvrages instructifs, moraux, etc.

De nouvelles circulaires-spécimens vous seront adressées.

Dans l'espoir que nos efforts mériteront votre sympathique approbation, nous avons l'honneur d'être, Monsieur l'Instituteur, vos bien dévoués serviteurs,

Les Éditeurs,

72-80, Boulevard Montparnasse. — Paris.

☞ Adresser les commandes à notre imprimeur : M. A.-E. ROCHETTE, 72-80, boulevard Montparnasse.

Paris.—Imp. A.-E. Rochette, 72-80, boulevard Montparnasse.